AF613380

ESPRIT

DE

LA NOTE SECRÈTE.

DE L'IMPRIMERIE DE BAUDOUIN FILS.

ESPRIT

DE

LA NOTE SECRÈTE,

OU

REPONSE AUX REMARQUES

DE M. LE Vte DE CHATEAUBRIAND,

PAIR DE FRANCE,

SUR LES AFFAIRES DU MOMENT;

PARIS,

Chez { BAUDOUIN FRÈRES, rue de Vaugirard, n° 36;
DELAUNAY et PELICIER, au Palais-Royal.

1818.

ESPRIT

DE

LA NOTE SECRÈTE.

Quò usque tandem.....

Un étrange écrit vient de paraître. Le nom de son auteur, non moins célèbre dans la république des lettres que dans nos dissentions politiques, l'aurait fait rechercher avec empressement, quand bien même son titre n'aurait pas provoqué la curiosité inquiète des lecteurs.

J'ai lu cet écrit, qui n'est *ni un ouvrage, ni une brochure* (1), sans doute parce qu'il n'est qu'un pamphlet; je l'ai lu, et sans être arrêté par la haute réputation de son auteur, je vais essayer de lui répondre.

Une accusation grave, venue de par de là les mers, attaquait des noms que l'opinion publique place à la tête de ce parti qui se croit

(1) Avis de l'auteur des Remarques sur les affaires du moment.

seul en droit de porter sur sa bannière ce mot: *Royaliste.*

Parmi ces noms se lisait celui de M. le vicomte de Chateaubriand (1).

Cette accusation compromettait sa fidélité, sa loyauté, et peu s'en fallaït qu'elle ne le montrât coupable de trahison envers son prince, envers sa patrie (2).

Il fallait donc, de ces deux choses, l'une:

Ou qu'il se mît, par la fuite, à couvert des poursuites auxquelles une pareille accusation pouvait l'exposer;

Ou qu'il la démentît formellement.

Or, poussé, sans doute, par le cri de sa conscience, M. le vicomte de Chateaubriand n'hésita pas à choisir ce dernier moyen; et après avoir déclaré *qu'il n'avait fait ni rédigé mémoire secret d'aucune sorte*, il ordonna à son chargé de pouvoir à Londres, *d'attaquer devant les tribunaux, le journal anglais où une correspondance privée avait déposé la calomnie* (3).

---

(1) Avis de l'auteur des Remarqnes sur les affaires du moment, page 20.

(2) *Ibidem*, page 20.

(3) Remarques sur les affaires du moment, p. 21.

Une dénégation aussi positive, aussi tranchante, était propre à justifier son auteur d'une odieuse accusation. Aussi ne crois-je rien hasarder en disant qu'elle produisit d'abord l'effet que M. le vicomte s'en était promis.

Telle était donc la disposition des esprits sur cette affaire, *lorsqu'une note secrète, exposant les prétextes et le but de la dernière conspiration*, est venue réveiller des préventions jusque-là assoupies, et faire connaître à la masse de la nation les perfides desseins, les menées secrètes et déloyales de certains hommes, dont l'éducation politique et constitutionnelle coûtera peut-être d'abondantes larmes à la patrie.

De quelques lumières que la note secrète eût éclairé l'opinion, la prudence faisait peut-être une loi d'un rigoureux silence; elle interdisait surtout la justification de cette note; car, la défendre n'était-ce pas dire au monde que l'on partgeait les sentimens de ses auteurs : or ces sentimens sont évidemment coupables......

Toutefois, M. le vicomte de Chateaubriand, entraîné par la *touchante fraternité de malheurs qui l'unit aux royalistes* (1), en a-t-il jugé autrement.

---

(1) Remarques sur les affaires du moment, p. 5.

Il a trouvé dans la publication de la note secrète, une provocation contre les royalistes; il les voit accusés par elle; et renonçant, pour les *défendre*, au *silence*, à *la paix*, à *l'oubli* auxquels *il s'était déterminé; on me jette le gant*, dit-il, *je le relève* (1).

Qu'il serait admirable ce dévouement chevaleresque, si sa source était plus pure, si ses motifs étaient plus louables!

Mais est-ce bien sérieusement, monsieur le vicomte, que vous dites *que tout conspire aujourd'hui contre les royalistes* (2)?

De quelle attaque sont-ils donc menacés ces hommes auxquels vous décernez la palme du martyre? d'où partent les coups contre lesquels vous voulez défendre *ces victimes de la fidélité* (3)?

Un zèle trop ardent ne vous tromperait-il pas? et, comme Don Quichotte, les ennemis que vous croyez avoir devant vous, ne seraient-ils pas des moulins à vent?

J'ai beau promener mes regards autour de notre arène politique; j'ai beau lire la *Note se-*

---

(1) Remarques sur les affaires du moment, p. 4.
(2) *Ibidem*, p. 5.
(3) *Ibidem*, p. 5.

crète et *les Remarques sur les affaires du moment*, je ne vois dans ces prétendues victimes, que des agresseurs; dans ces ardens défenseurs du trône, dans ces royalistes si purs, que des sujets rebelles à la volonté du souverain; et dans ces hommes que les auteurs de la *Note secrète* et leurs partisans nomment *révolutionnaires*, que des citoyens paisibles, soumis au prince, dévoués à la patrie, et toujours prêts à défendre la monarchie constitutionnelle, et la Charte sur laquelle elle se repose, non point dans une *Note secrète*, mais au péril de leur repos, de leur fortune, de leur vie.

J'avais cru jusqu'à présent, monsieur le vicomte, malgré vos contradictions littéraires, et malgré celles que l'on remarque dans vos maximes politiques (1) et religieuses (2), que la

---

(1) Dans son Génie du Christianisme, M. de Chateaubriand appelle Bonaparte l'*homme puissant* qui *nous a retirés de l'abîme; obscur israëlite, il lui apporte son grain de sable pour la reconstruction de l'édifice*. Dans son pamphlet : *De Bonaparte et des Bourbons*, c'est un *usurpateur*, *un dévastateur*, *un homme inepte*, etc.

(2) M. de Chateaubriand a écrit, à Londres, en 1797, contre les prêtres et le christianisme; plus tard, il publia son Génie du Christianisme, ses Martyrs, etc.

bonne foi était une de vos vertus. Mais que faut-il que j'en pense, maintenant que j'ai lu la *Note* secrète et vos *Remarques sur les affaires du moment*, dans lesquelles, vous et vos nobles cliens accusez les ministres, et jusques au Roi même (1), de persécuter les royalistes? est-ce bien de bonne foi que vous avancez *qu'on chasse les royalistes de toutes les places* (2)? Comment n'avez-vous pas craint, monsieur le vicomte, que l'on répondît à cette étrange calomnie, en mettant sous vos yeux les pages de l'Almanach royal, qui fourmillent de noms que, certes, on n'y lisait pas avant la restauration?

Mais peut-être que, dans votre système d'envahissement, ne pas donner tous les emplois publics, administratifs et militaires, aux royalistes de votre couleur, c'est les en chasser. Dans ce cas, vous pourriez avoir raison; car la manie des épurations ayant cessé avant que tous les hommes que vous marquez du sceau d'une réprobation politique en aient été frappés, quelques-uns de ces hommes se montrent

---

(1) Note d'août 1817, page 46 de la *Note secrète*, où il est dit : *Cette résistance d'un parti contre lequel on a tourné son chef naturel. . . .*

(2) Remarques sur les affaires du moment, p. 6.

encore à la tête de notre armée, de nos tribunaux, de nos grandes administrations.

Mais gardez-vous, monsieur le vicomte, si vous voulez que vos doctrines politiques soient d'accord avec l'expression de vos sentimens (1); gardez-vous de condamner des choix qui sont commandés par la prudence, que la justice approuve, que le besoin indique, et qui acquittent la dette de la patrie; car s'ils occupent des emplois publics, ces hommes que votre charité réprouve, s'ils sont pourvus de grades militaires, c'est en vertu du droit commun à tous les Français; c'est en vertu de cette Charte pour laquelle vous et les auteurs de la *Note secrète* affectez un respect, une tendresse auxquels il ne manque, pour être crus sincères, que de n'être pas accompagnés de toutes ces déclamations dirigées contre les hommes aux efforts desquels on doit l'inviolabilité de ce monument de la sagesse que naguère vous voulûtes violer.

---

(1) Les ultra-royalistes affectent surtout un grand amour, un respect profond pour la Charte; mais *la Note secrète* et *les Remarques sur les affaires du moment* ne seraient-elles pas une preuve que chez eux cet amour, ce respect n'existent qu'en théorie?

Il faut convenir que c'est un spectacle vraiment curieux, que de voir les hommes contre lesquels on a fait la révolution, et sur lesquels s'est opérée la conquête d'une monarchie constitutionnelle, et de tous les droits qui en dérivent en faveur des sujets, se porter les champions de cette Charte qu'eux seuls peuvent avoir la pensée d'attaquer, parce qu'eux seuls sont intéressés à cette attaque, et accuser ceux qu'ils nomment *révolutionnaires* de vouloir perpétuer la révolution, parce qu'ils ne veulent pas qu'on touche à ce palladium de leurs franchises !

Mais examinons si ce reproche, en apparence si grave, et prononcé avec une si grande solennité (1), est autre chose qu'une trompeuse déclamation.

Et d'abord, pour perpétuer une chose, il faut qu'elle n'ait pas cessé d'être; car on ne saurait perpétuer ce qui n'existe pas.

Or, la révolution a cessé d'être le jour qui vit la Charte placer la monarchie constitutionnelle sur le trône de France. C'est de ce jour que date une ère nouvelle, l'ère de l'égalité po-

---

(1) C'est sur ce reproche banal que roule toute la Note secrète.

litique parmi tous les Français, objet constant des vœux des hommes qui ont aidé à la marche de la révolution.

A quelle fin donc, les hommes auxquels vous l'attribuez voudraient-ils perpétuer la révolution? Toute la révolution, tout ce que demandaient ceux qui l'ont, ou faite, ou désirée, ne se trouve-t-il pas dans la Charte?

Car, que demandaient ces hommes, j'entends ceux qui n'ont point provoqué au crime politique sur lequel la France verse d'amères larmes; que demandaient-ils, sinon,

L'égalité des Français devant la loi, quels que fussent, d'ailleurs, et leurs titres et leurs rangs;

L'égale répartition des charges publiques;

La liberté individuelle;

La liberté de la presse;

La liberté des cultes;

L'inviolabilité absolue et générale des propriétés?

Tous autant de droits publics qui nous sont garantis par cet acte d'une haute sagesse.

Si donc ces hommes ont obtenu avec cette Charte tout ce qui fit l'objet de leurs vœux pendant notre longue tourmente révolutionnaire; si la religion de cette Charte est devenue la religion des conseils du Roi, ils n'ont rien de plus à désirer; et tout retour à cette révolution, que vous n'accusez que parce qu'elle a reçu son effet d'une main auguste, serait désormais sans but comme sans avantage pour cette importante majorité qui en a profité bien plus qu'elle ne l'a faite.

Mais vous, royalistes superbes! vous qui nous accusez sans cesse de faire revivre la révolution; vous qui osez dire *qu'elle occupe tout, depuis le cabinet du Roi, qui en est,* selon vous, *devenu le foyer, jusqu'aux dernières classes de la nation* (1); c'est vous qu'avec raison l'on peut qualifier du titre de *révolutionnaires,* sur lequel votre note d'août 1817 vous a acquis le droit de propriété!

Car, ne sont-ils pas des révolutionnaires ceux-là qui, mécontens de ce que les grands principes de droit public réclamés par la révolution sont consacrés par la Charte, et recevaient toute leur application; ne sont-ils pas des révolutionnaires ceux-là qui en appellent aux baïonnettes étrangères pour s'opposer à la marche d'un gouvernement dont le grand crime à leurs yeux est de ne point violer ce pacte autour duquel la grande famille est venue se ranger?....

(1) Note secrète, p. 10.

C'est en vain, M. le vicomte, que vous prétendriez que le but de la *Note secrète* n'a pas été *la prolongation du séjour* des alliés en France, et le *renversement de la Charte* (1).

Et si vous me citez, à l'appui de votre dénégation, cette partie de la note qui commence ainsi : *J'avoue que mon sang français se révolte à cette pensée* (2), je détruirai la force de cette déclamation, en apparence patriotique, par ces mots de la même note : *la crainte salutaire qu'elles* (les troupes étrangères) *imposaient sera moindre à mesure qu'elles seront éloignées*, etc. (3); car, si la présence des étrangers sur le sol de notre patrie *impose* une *crainte salutaire* aux hommes que vous accusez de perpétuer la révolution, par une conséquence nécessaire, le départ de ces troupes, en délivrant ces mêmes hommes de cette crainte, les verrait soudain se livrer à l'anarchie révolutionnaire que vous feignez de redouter, sans réfléchir qu'elle est impossible sous le règne de la Charte et du souverain constitutionnel.

---

(1) Remarques sur les affaires du moment, p. 24.

(2) Remarques sur les affaires du moment, p. 22, et 17 de la Note secrète.

(3) Note secrète, p. 14.

Je la détruirai surtout par ceux-ci : *enfin la pensée d'abandonner la France aux fureurs de la révolution est injuste et cruelle ; elle avilirait la majesté des Rois ; elle effacerait l'honneur que leur couronne avait retrouvé dans la glorieuse époque de* 1814 *et* 1815 ; *elle déchirerait la plus belle page de leur histoire : on ne peut pas supposer une pareille détermination* (1).

Eh quoi ! ce ne serait pas là prier les souverains étrangers de prolonger le séjour de leurs troupes en France? et en quels termes plus clairs, plus pressans, plus positifs, les auteurs de la *Note secrète* pouvaient-ils donc leur adresser cette honteuse prière?

Ah ! cessez, M. le vicomte, de nous dire que ces passages de la *Note secrète* n'expriment pas le vœu coupable de cette humiliante, mais désormais impossible prolongation (2), si vous voulez qu'il ne soit porté aucune atteinte à cette réputation d'homme de sens et d'esprit que vos travaux littéraires vous ont acquise !

Si je cherche, monsieur le vicomte, à m'ex-

---

(1) Remarques sur les affaires du moment, p. 14 et 15.

(2) *Ibidem*, p. 22.

pliquer les motifs d'une tentative aussi criminelle, voici ce que m'apprend une lecture attentive de la Note secrète, suivie des réflexions auxquelles elle conduit :

La révolution eut pour objet principal le renversement de la féodalité, la destruction des priviléges.

Elle s'attaquait donc aux possesseurs de Fiefs, aux castes privilégiées.

Les possesseurs de ces Fiefs, les hommes appartenant à ces castes, long-temps comprimés par des gouvernemens tour-à-tour républicains ou tyranniques, ne purent point arrêter la marche de la révolution.

Mais ces gouvernemens, sous lesquels elle avait fait tant de progrès, tombèrent écrasés par les mêmes élémens qui les eussent maintenus, s'ils avaient su les combiner.

Alors le grand œuvre de la restauration se consomma; les descendans du bon Henri rentrèrent dans l'héritage de leurs aïeux.

Aussitôt des désirs coupables, des ambitions qui n'étaient plus en harmonie avec le siècle, crurent l'époque favorable à leur manifestation.....

Louis XVIII y répondit en proclamant la monarchie constitutionnelle, en nous donnant la

Charte, ce niveau politique auquel nos droits publics sont irrévocablement soumis.

Pour la partie sage de la nation la révolution se trouva finie par ce grand changement dans nos institutions politiques; tandis qu'une minorité factieuse n'y vit que des prétextes à de nouvelles révolutions.

Les hommes qui composent cette minorité n'osèrent pas d'abord attaquer hautement la Charte que le prince avait accordée à nos vœux; mais, à la faveur d'une feinte fidélité, ils essayèrent de se faire appeler à toutes les fonctions publiques et religieuses, à tous les emplois militaires, d'où ils pensaient qu'il leur serait facile de prêcher aux peuples des doctrines contraires, et de préparer ainsi le renversement de cette base du nouvel édifice social.

Leurs tentatives, leurs premiers essais furent couronnés de succès; d'injustes épurations les appelèrent soudain à toutes les places.....

L'ordonnance du 5 septembre nous a appris, en opposant une digue à leur influence, l'usage qu'ils en faisaient, et le but vers lequel elle était dirigée!

Cette triste expérience ouvrit les yeux au gouvernement. Il vit clairement qu'il est en France une classe d'hommes qui repousse avec obstination les conséquences de la monarchie constitutionnelle et du gouvernement représentatif; et il sut distinguer les hommes qui appartiennent à cette classe.

Il fut donc de son devoir d'écarter des affaires ceux de ces hommes qui s'étaient montrés opposés aux doctrines constitutionnelles.

Aussitôt l'alarme se répandit dans le camp des ci-devant privilégiés.

Les ministres du Roi furent accusés de perpétuer la révolution; *de se prosterner devant la puissance révolutionnaire ; de ne reconnaître, de ne consacrer aucun principe monarchique* (1).

Et les puissances étrangères furent suppliées, par ces hommes qui se disent *les plus honnêtes gens de France* (2), et sous peine de voir encore *la révolution de France aller les chercher dans leurs propres états, et jeter sur eux, à la fois, ses opinions et ses armées* (3); *de ne pas s'endormir dans une trompeuse sécurité ; de ne pas abandonner la France aux fureurs de la révolution ; de ne pas compter que les* 120,000 *hommes de l'armée*

(1) Note d'août 1817, p. 25 de la Note secrète.

(2) Remarques sur les affaires du moment, page 11.

(3) Note d'août 1817, p. 13 de la Note secrète.

d'occupation suffiraient pour étouffer les mouvemens dangereux, pour comprimer l'insurrection quand elle aurait éclaté (1); *ni que l'on aurait le temps, les moyens de rassembler encore une fois un million d'hommes pour les jeter sur la France* (2);... exhortation généreuse, dont la conséquence nécessaire, est qu'il faut, dès à présent, la *garnisonner* (3) de ce million d'hommes, afin de la forcer à changer ses ministres et son Gouvernement!

Dites, monsieur le vicomte, n'est-ce pas là toute l'histoire des royalistes, auteurs, provocateurs ou partisans des notes ou manifestes de 1816 et 1817 (4)?

Ah! sans doute, il ne faut pas *abandonner la France aux fureurs de la révolution*; et telle n'est pas l'intention de la majorité de ses enfans! Mais pour la défendre contre cette révolution d'une autre espèce, ne prenant conseil que de leur amour pour cette patrie mal-

(1) *Ibidem*, p. 17.

(2) *Ibidem*, p 18.

(3) Expression de la Note secrète, p. 19.

(4) La page 33 de la Note secrète fait connaître que, dès 1816, le système des Notes secrètes aux puissances fut adopté par les royalistes.

heureuse, ils n'auront pas recours à une force étrangère. Trop fiers du dépôt que leur a confié le législateur de la Charte, ils sauront le faire respecter, eux seuls, contre ses ennemis du dedans et du dehors; et malheur désormais à quiconque oserait l'attaquer dans son existence politique! chaque bourg, chaque passage, chaque ville, seraient les tombeaux des modernes Alexandres, des ligueurs nouveaux; et, comme le disent fort bien les auteurs de la Note du 15 d'août, *la France entière serait un camp, une citadelle impénétrable, dont la population entière formerait la garnison* (1).

Mais quels sont donc les auteurs de ces notes ou manifestes clandestins? Quels sont donc ces hommes qui ont osé appeler l'attention des princes étrangers sur la situation de la France, et réclamer leur appui? De quel caractère sont-ils revêtus? est-ce comme mandataires de la nation qu'ils ont agi? est-ce comme agens du Monarque? Quel est leur nombre? quels sont leurs titres? où est leur mandat?.....

Je cherche, et je ne trouve qu'une poignée de mécontens, avoués d'eux seuls, et tenant de leurs seules passions la mission déloyale

(1) Note d'août 1817, page 18 de la Note secrète.

qu'un (1) pair de France hésite à condamner !

Etrange aveuglement des passions ! Eh quoi ! M. le vicomte, les auteurs de ces notes et leurs partisans, ont-ils pu penser un seul instant que des princes sages prêteraient l'oreille à des clameurs sans aveu ? qu'à leur voix leurs phalanges inonderaient encore une fois notre patrie, pleine encore du souvenir de sa gloire ? Qu'au mépris de traités par nous si religieusement observés, ils se croiraient autorisés, par d'iniques manifestes, à s'immiscer dans notre gouvernement, à en régler l'économie dans les intérêts d'une factieuse minorité ? Ah ! les souverains alliés seront mieux avisés ! Ils ne se laisseront pas troubler par les craintes chimériques que les auteurs de la Note secrète veulent leur inspirer ; ils écarteront des conseils auxquels il serait indigne d'eux de prêter l'oreille ; ils respecteront cette grande maxime : *l'inviolabilité des Gouvernemens et des Etats légitimement constitués*, parce que de la religion de cette maxime dépend leur propre existence ; ils ne s'effraieront point des économies

---

(1) Le but des *Remarques sur les affaires du moment* est évidemment la justification des royalistes auteurs, provocateurs ou partisans de la *Note secrète*. — Voir surtout de la page 22 à la page 29.

d'hommes que quatre années de repos nous ont permis de faire, parce qu'ils savent que dans un pays aussi éminemment agricole que la France, il n'y a jamais surabondance de population, et qu'il n'y a ni agression injuste, ni invasion non provoquée à craindre des peuples qui vivent sous l'empire d'une monarchie constitutionnelle, sous l'influence d'un gouvernement représentatif.

Ah! sans doute, ils existent ces douze cent mille hommes que les auteurs de la Note d'août 1817 désignent comme le fruit de notre repos militaire des quatre dernières années; ils existent pour la garantie de notre indépendance; ils existent, mais la population qui les a produits n'est point *fatiguée d'un excès de vigueur; elle n'éprouve point le besoin des saignées auxquelles*, pour parler leur langage, *on l'avait accoutumée*. Ces douze cent mille hommes *n'attendent point avec impatience*, comme ils osent le dire à l'étranger, *le jour qui leur mettra les armes à la main, avec l'ordre d'inonder l'Europe* (1).

Prêts à s'armer pour la défense de la patrie, pour faire respecter nos lois, tant au-dedans

(1) Note du 15 d'août, p. 13 de la Note secrète.

qu'au-dehors, tout pouvoir qui les appellerait à d'injustes agressions, à des invasions du sol étranger non provoquées, les trouverait sourds à sa voix; et cette noble résistance à l'ambition, à la soif des conquêtes, serait encore le résultat de la révolution qui s'est opérée dans notre existence politique, et qui a appris aux Français de toutes les classes ce qu'ils doivent de sacrifices à l'indépendance nationale, et de respect à l'indépendance des autres peuples.

Et voilà pourtant ces hommes qui se disent *les plus honnêtes gens de France* (1), *les victimes de la fidélité* (2) ! Ils dénoncent leur Prince au tribunal des rois; ils provoquent la destruction du Gouvernement qu'il a établi; ils appellent des phalanges ennemies sur le sol de la patrie; ils organisent ou rêvent la guerre civile, et ils osent parler de leur fidélité!!

Mais je cherche en vain, M. le vicomte, pour le plus grand nombre de ceux dont vous embrassez la défense, la preuve de cette fidélité; surtout, j'en cherche vainement les effets : je ne les trouve ni dans cette période de notre existence politique, qui sépare l'année 1792 de l'année 1814; ni dans la journée du 20 mars.

(1) Remarques sur les affaires du moment, p. 11.
(2) *Ibidem*, p. 5.

S'ils étaient si fidèles, si leur force se composait *de la plus grande partie des propriétaires territoriaux, de tout le clergé, de tous ceux qui conservent des principes religieux, des populations entières des provinces de l'ouest et du midi de la France* (1); s'ils étaient si fidèles et si forts, pourquoi n'ont-ils pas conservé la couronne au Prince à qui les destins la réservaient? pourquoi ont-ils laissé faire le 20 mars? Ne sont-ils donc fidèles, ne sont-ils donc si puissans que pour combattre, dans ses conséquences, le monument sur lequel repose la stabilité du trône? et leur force et leur fidélité sont-elles destinées à ne se montrer que dans leurs déclamations publiques, dans leurs manifestes clandestins, dans leurs notes et dans leurs intrigues secrètes?

Ah! qu'ils cessent de se parer d'une fidélité qui n'est point dans leur cœur! Le Roi ne veut pas d'une fidélité qui ne peut se nourrir que du sang ou du labeur de ses autres enfans, et qui ne peut se reposer que sur les débris de son trône. C'est à d'autres signes que ce Prince reconnaît ces sujets fidèles. Il peut pardonner, monsieur le vicomte, à ceux

(1) Note d'août 1817, p. 47 de la Note secrète.

qui n'ont point partagé son exil, le long abandon dans lequel ils l'ont laissé sur une terre étrangère; il peut leur pardonner des services rendus dans un intérêt qui n'était pas le sien, parce que la patrie, sur le sol de laquelle la prudence, bien plus que l'amour, les avait retenus, la patrie peut, à certains égards, les justifier. Mais ce que le Roi ne peut ni ne doit pardonner, c'est la rébellion aux actes de sa souveraineté; ce sont les attaques dirigées contre son gouvernement; ce sont les insultes faites aux ministres et aux agens de son choix; ce sont les intrigues continuelles des hommes de votre couleur (1). Leurs manifestes clandestins, leurs notes secrètes aux puissances étrangères, dans lesquels ils le peignent comme un prince dont le *propre cabinet est devenu le foyer de la révolution* (2), *qui, après avoir dévoré la France, irait se répandre dans toute l'Europe et détruire toutes les monarchies*, et par lesquels ils somment les souverains alliés de couvrir une troisième

(1) Les auteurs de la Note secrète, p. 22, parlent *des intérêts et des opinions qui se classent et se partagent en deux couleurs, qui prennent le nom et l'attitude de* partis.

(2) Note secrète, p. 10.

fois notre patrie de leurs bataillons, pour s'opposer à la marche de son gouvernement.

Tous ces crimes, M. le vicomte, ont été commis; et les notes secrètes de 1816 et 1817 disent par qui. Ces notes, monument de la plus noire perfidie, ont été jugées par les princes auxquels on les a adressées; et l'évacuation de notre sol par leurs troupes répondra noblement à l'appel audacieux et coupable qu'elles leur ont fait.

Cependant, il faut le dire, tout n'est pas condamnable dans ces notes, et, sauf l'application à leur donner, on y trouve des maximes de la plus saine politique.

Par exemple : j'admire, M. le vicomte, le conseil que donnent au Roi les auteurs de la note secrète d'août 1817, et je conviens avec eux que le *seul moyen de réunir et de confondre des intérêts divergens, c'est de se placer au milieu de ceux qui sont le plus analogues au système qu'on veut établir, et de les maîtriser par cette puissance qu'on exerce sur ceux qu'on commande, et jamais sur ceux qu'on combat* (1).

Il ne reste plus qu'à nous entendre sur la nature du système qu'on veut établir.

---

(1) Note d'août 1817, p. 24 de la Note secrète.

Il est évident que par cette particule *on*, les auteurs de la *Note secrète* ont voulu désigner le Roi; car lui seul, éclairé par les corps représentatifs, secondé par eux, a le droit d'établir un système.

Or, quel est, quel peut être ce système?

La Charte, cet immortel ouvrage d'un illustre législateur, répond à cette question.

Ce système, c'est l'égalité des droits politiques entre tous les Français; l'abolition, sans retour, de tous les priviléges des castes; une juste et égale répartition de toutes les charges publiques.

Quels sont, quels peuvent être les intérêts les plus analogues à ce système qu'on veut établir?

Ah! sans doute, ce sont ceux des hommes qui, pendant vingt-cinq ans, ont combattu pour obtenir cette Charte que les vœux des publicistes les plus éclairés appelaient depuis si longtemps, et qui garantit irrévocablement ces intérêts des atteintes d'une orgueilleuse minorité.

Mais, aveuglés par leurs passions, comme le sont les auteurs de la note du 15 d'août, ni eux, ni leurs partisans, monsieur le vicomte, ne trouveront pas exacte l'explication que je viens de donner de leur *factum* politique; ils voudront persuader aux puissances qu'ils appellent en auxiliaires, que les *intérêts analogues au système que* le Roi *prétend établir*, et *au milieu desquels* il doit *se placer*, sont les leurs, sont ceux des hommes qui agitent le pavillon de détresse, comme si le vaisseau de l'État, pour avoir appelé tout l'équipage à ses manœuvres, courait un danger imminent!

Vains efforts ! M. le vicomte, déclamations inutiles, et qui n'aboutissent qu'à la honte de leurs auteurs ! Du haut du phare politique que de tristes circonstances leur ont élevé sur nos frontières, les puissances étrangères nous contemplent; elles nous voient voguer tranquillement vers le port où nous conduit un habile nautonnier; et les cris de quelques passagers, aveugles ou timorés, ne les persuaderont pas que nous ayons besoin d'un secours que le pilote ne réclame pas !

Le Roi s'est placé, comme de lui-même, *dans cette position qui a donné au parti* que les auteurs de la note du 15 d'août accablent d'injures, *le sentiment de la conviction que* S. M. *est avec lui en communication d'intérêts ;* qu'elle *peut se servir de sa force et même de ses passions pour obtenir de lui tous les sacrifices nécessaires à la sage conciliation de tous les intérêts.* Cet acte de sa sagesse assure à jamais le repos de notre patrie, que ne sauraient troubler les sourdes menées, les lâches intrigues, les vaines déclamations des hommes qui ont des intérêts opposés au *système que ce Prince veut établir.*

Mais la note du 15 août renferme encore d'autres vérités qui sont autant de leçons d'une haute politique.

Ce n'est pas en faisant des révolutions, disent les auteurs de cette note, *que l'on peut espérer de finir la révolution* (1).

Hommes de l'ancienne monarchie ! O vous qui luttez sans cesse, mais vainement, contre la monarchie constitutionnelle, écoutez celui de vos hiérophantes politiques qui a prononcé cette maxime d'une grande prudence ! Et s'il est vrai que vous souhaitiez le terme de la révolution, cessez d'en préparer de nouvelles en vous opposant à la marche du siècle ! Sachez obéir à ce pacte de la grande famille, que le Roi législateur appelle *son plus beau titre à la gloire ;* respectez ce *palladium*

---

(1) Note secrète, page 20.

de nos droits et de nos franchises ; et, devenus plus soumis et plus humbles, montrez-vous dignes de marcher au premier rang d'une nation qui ne veut consentir à vous faire cet honneur, qu'autant que vous lui donnerez l'exemple de la sagesse, de la modération, de la haine pour un joug étranger, du respect pour l'égalité politique entre les membres du corps social, de l'amour pour le prince constitutionnel !

Les auteurs de la note secrète ont dit : *un gouvernement a nécessairement pour ennemis, les intérêts qu'il a froissés par son rétablissement, et pour amis, les intérêts que son rétablissement a relevés* (1).

Je me hâte de prendre contre eux acte de cette réflexion pleine de justesse, et je demande :

Quel gouvernement le Roi a-t-il établi en montant sur le trône de France ?

Le gouvernement représentatif.

Quels intérêts ce gouvernement, donné par le Roi, a-t-il froissés ou relevés en s'établissant ?

Il a froissé ceux de la classe qui se pré-

---

(1) Note secrète, page 43.

tendait privilégiée ; ceux des partisans de la monarchie absolue, qui traîne à sa suite la féodalité et ses humiliantes prérogatives, puisque la Charte ne reconnaît qu'une monarchie constitutionnelle, libre des entraves qu'une noblesse orgueilleuse et jalouse de ses droits, apportait à l'exercice du pouvoir souverain.

Il a relevé ceux de la grande majorité de la nation, trop long-temps sacrifiés à une minorité naturellement envahissante ; il a relevé ceux du peuple, en les identifiant avec ceux du trône constitutionnel.

D'où je conclus, monsieur le vicomte, que le Roi, que le Gouvernement doivent s'*appuyer* sur cette partie si imposante de la nation en faveur de laquelle la révolution a été faite, sur ce peuple *qui veut les soutenir, pour les défendre contre ceux qui veulent les renverser* (1).

Ainsi soutenu, et *placé au milieu* de ce parti, qui se compose des *siens*, le Roi veut *tendre la main aux autres* (2) du parti contraire ; mais ces hommes orgueilleux, exclusifs dans leurs opinions, dans leurs prétentions,

---

(1) Note secrète, page 44.

(2) Note d'août; page 25 de la note secrète.

dans leurs désirs; ces royalistes insoumis, ces régens politiques, ces ligueurs obscurs, oubliant le sort de Biron, repoussent cette main généreuse, et insultent à la longanimité du prince !

Ceci m'amène à relever une étrange accusation, dirigée par les auteurs de la note secrète contre deux ministres du Roi.

Eh quoi ! ils osent dire à la face de l'Europe, ces Catilina obscurs, *que les principes les plus destructeurs de notre monarchie sont professés à la tribune par des ministres du Roi* (1); et ces interprètes, ou fourbes ou maladroits, des sentimens les plus nobles, des expressions les plus éminemment monarchiques, citent, à l'appui de leur burlesque accusation, les discours du ministre de la police, sur la liberté de la presse, et ceux du ministre de la guerre, sur la loi de recrutement !

Mais ici, comme ailleurs, ils n'ont vu les objets, ils ne les ont représentés qu'au travers du prisme de leurs coupables passions.

Ah ! si une seule goutte de sang français coulait encore dans leurs veines, s'ils avaient

(1) Page .... de la note secrète.

jamais eu pour notre monarchie, j'entends notre monarchie constitutionnelle, s'ils conservaient pour elle le moindre dévouement, un ombre de respect; au lieu de dénoncer comme anti-monarchiques ces beaux discours du général-ministre, ces discours que l'amour de la patrie et l'amour du monarque constitutionnel, désormais inséparables, ont dictés au héros-législateur, ils auraient applaudi à cette mâle éloquence qui a fait revivre parmi nous les plus beaux temps et de Rome et d'Athènes; ils auraient applaudi à des discours dont l'entraînement a donné au prince, à la monarchie constitutionnelle, les forces légales sans lesquelles il n'était plus pour eux, il n'était plus pour la patrie de repos, de sûreté, de garantie contre leurs ennemis du dedans et du dehors; ils auraient applaudi à cet hommage qu'un chef, monument vivant de la gloire acquise, et qui est tout honneur, a rendu aux vertus militaires, au dévouement, à la noble résignation de ces vénérables élémens, de ces précieux débris d'une armée, qu'il était de l'essence de la monarchie constitutionnelle de ramener sous les drapeaux du prince, pour s'en servir au moment du danger, et que les lois de la plus haute politique, non moins que celles de la justice et de la reconnaissance, défendaient qu'on oubliât dans l'organisation de la force nationale!

Ah! sans doute, et j'en conviens avec les auteurs de la note secrète, il y a quelque chose d'anti-monarchique dans les discours du ministre du Roi qui a soutenu á la tribune nationale les principes sur lesquels on a posé les bases mal assises de la loi sur la liberté de la presse; il y a quelque chose d'anti monarchique dens ces discours, dans cette loi; mais eux et moi différons sur l'application des principes.

Quand ils parlent de monarchie, ces ennemis de nos libertés politiques, ils entendent la monarchie absolue; tous leurs vœux, tous leurs désirs; toutes leurs règles de politique et d'administration, ne tendent qu'à ce but. Moi, j'entends, la France entière entend *la monarchie constitutionnelle.*

Or, ils trouvent que les discours du ministre, sur la liberté de la presse, sont destructeurs de la monarchie absolue.

La France entière a jugé qu'ils attaquaient quelques-uns des dogmes de la monarchie constitutionnelle, puisqu'ils eurent pour objet, puisque leur effet a été de restreindre la liberté de la presse, de la soumettre à une censure que la Charte n'a point indiquée, de la charger de fers sous le poids desquels le législateur suprême n'eut garde de nous l'offrir.

Mais, plus justes que vous, les Français constitutionnels, les amis, les partisans, les défenseurs du trône constitutionnel, respectent les hautes considérations qui ont pu forcer le législateur à les priver momentanément de l'exercice de cette partie de leurs droits publics; ils les respectent, persuadés qu'il n'est pas éloigné le moment qui verra refouler dans la nuit de l'oubli, ces lois d'exception qu'une prudence, peut-être excessive, a pu dicter, mais que la charte réprouve; ils les respectent, parce que c'est à ceux qui préfèrent la patrie à tout qu'il appartient de donner l'exemple du respect, de la soumission à toutes les mesures que des ministres dévoués, que les organes de la nation ont jugées nécessaires à la sûreté publique, à l'affermissement du trône constitutionnel; ils les respectent surtout depuis que vos notes et vos intrigues secrètes ont justifié ce que la la loi eut d'anti-monarchique, d'anti-constitutionnel, en nous apprenant qu'il existe effectivement en France une classe d'hommes auxquels il pouvait être dangereux de laisser le libre exercice du droit d'écrire, puisqu'ils ne savent en faire usage que pour calomnier leur Roi, dénoncer son gouvernement, et appeler les armes de l'étranger sur le sol de la patrie, de cette patrie encore souffrante des plaies qu'elles leur ont faites à des époques que, dans leur délire, il ont l'infamie de nommer *glorieuses* (1) !

Si les lois d'Athènes punissaient comme traîtres ceux qui ne se dévouaient pas au salut, à la défense de la patrie; je vous le demande, M. le vicomte, quel nom la France donnera-t-elle aux hommes qui voudraient la soumettre à un joug ennemi; qui aiguisent le fer dont ils voudraient la voir déchirer? Quel châtiment leur réservera-t-elle? . . . .

. . . .

. . . . , , .

Puisse cet écrit, M. le vicomte, s'il parvient jusqu'à vous, et si vous daignez le lire, vous rendre *aux travaux historiques qui sollicitent votre retour à l'étude*, et que vous avez quittés pour défendre une cause perdue dans l'opinion publique, non moins que dans celle du Prince?

---

(1) Page 14 et 15 de la note secréte.

Mais, en les reprenant, ces travaux, croyez-moi, M. le vicomte, n'oubliez pas, *en déroulant les vieux titres de notre gloire, pour élever à la France un monument* (1), que ces titres anciens ne sont pas les seuls dont la France doive se glorifier; qu'il en est de récens qui méritent d'être recueillis, et sans lesquels tout monument à la gloire de la patrie serait incomplet, et ne transmettrait à nos neveux que la partie la moins utile, la moins brillante de notre histoire.

Si la France a eu des *Condés*, ses *Turennes*, ses *Villars*, elle compte aussi au nombre de ses enfans les plus distingués, les plus dignes de sa reconnaissance, les *Masséna*, les *Desaix*, les *Joubert*, les *Kléber*, les *Marceau*, les *Hoche*, etc.

Pourquoi ces illustres contemporains, et tant d'autres dont notre patrie s'honore, ne seraient-ils point appelés à environner de leurs trophées le monument que vous cherchez à élever à la France?

Qui pourrait, monsieur le vicomte, à cet oubli, reconnaître l'orateur qui a dit :

« J'ai toujours pensé que le soldat français

(1) Remarques sur les affaires du moment, p. 1.

» est le premier soldat du monde. Irrésistible, » dans le succès, patient, quoi qu'on en ait dit, » dans les revers, plein d'intelligence, de géné- » rosité et d'honneur, une marque d'estime » suffit pour l'enflammer et le conduire au bout » de la terre. Eh! que serions-nous aujourd'hui, » messieurs, sans le courage de notre armée? » elle a étendu le voile de sa gloire sur le ta- » bleau hideux de la révolution; elle a enve- » loppé les plaies de la patrie dans les replis de » ses drapeaux triomphans; elle ne participa » point à la mort du plus vertueux des Rois; » elle refusa de fusiller les émigrés et les Anglais » prisonniers; elle ne put, il est vrai, prévenir » tous nos excès; mais du moins elle jeta sa » vaillante épée dans un des bassins de la ba- » lance pour servir de contrepoids à la hache » révolutionnaire (1). »

Si vous pensiez, monsieur le vicomte, que vous devez à votre dignité, à celle de vos héros de prédilection, de ne rechercher des titres de gloire que *dans les tombeaux de nos ancêtres*, entraîné par cette opinion injuste,

---

(1) Discours de M. le vicomte de Chateaubriand sur le projet de loi relatif au recrutement de l'armée, prononcé à la Chambre des Pairs dans la séance du lundi 2 mars 1818.

vous dépouillerez votre ouvrage de l'intérêt le plus propre à lui mériter l'estime de la génération présente, et à le recommander à la postérité.

Mais puissiez-vous, surtout, monsieur le vicomte, après avoir lu cet écrit, après vous être livré aux réflexions qu'il doit vous faire faire sur l'inégalité d'une lutte dans laquelle les auteurs de la *Note secrète* et leurs partisans ont contre eux la raison, la justice, la nation, le Roi et son Gouvernement; puissiez-vous dire : Je deviens ami de la Charte, sans acception d'aucun de ses dogmes; je ne cède point à des argumens; ma conviction sort du cœur; je *pleure*, je *crois*, et je me soumets à une force qui doit tout entraîner (1).

---

(1) Dans sa préface de la première édition du Génie du Christianisme, M. le vicomte de Chateaubriand a dit : « Je suis devenu chrétien ; je n'ai point cédé, j'en conviens, à de grandes lumières surnaturelles; ma conviction est sortie du cœur; j'ai pleuré et j'ai cru. »

BIBLIOTHÈQUE ROYALE

FIN.

www.ingramcontent.com/pod-product-compliance
Ingram Content Group UK Ltd.
Pitfield, Milton Keynes, MK11 3LW, UK
UKHW021117230726
13926UKWH00002B/535

9 782014 044003